AF359210

REFLEXIONS SOMMAIRES

Sur l'Affaire des Sieurs de BARBOT, *Ecuyers,*
& singuliérement sur la compétence de la Cour
des Aydes, au sujet des questions de Noblesse.

FAIT.

POUR arrêter l'abus que commettoit dans la province de Guyenne une multitude de faux Nobles, la Cour des Aydes de cette Province fit un Réglement en 1752, qui obligea tous ceux qui se prétendoient Nobles, d'en venir justifier devant elle, dans un mois ; faute de quoi il fût enjoint de les imposer à la Taille.

Par un Réglement de la même Cour, du 27 Juillet 1754, on fixa la procédure que devoient observer ceux qui avoient une pareille justification à faire, dans le cas où faute d'y avoir satisfait dans le délai prescrit par le Réglement de 1752, auroient été imposés.

Pour obéir à ces Réglemens, les sieurs de Barbot présenterent une Requête à la Cour des Aydes ; ils conclurent à ce qu'attendu le rapport qu'ils faisoient de leurs

A

1

Titres de Noblesse, il fût ordonné qu'ils continueroient de jouir de la qualité de Nobles & d'Ecuyers.

Cette Requête fut communiquée à M. le Procureur-Général; & sur ses Conclusions, il intervint Arrêt qui ordonna, avant faire droit, que les Requête & Piéces des sieurs de Barbot, seroient communiquées aux habitans de Saint-Emillion & de Coutras, lieux de leurs domiciles.

Ces deux Communautés, sur la signification à eux faite de la Requête des sieurs de Barbot, de leurs Piéces & de l'Arrêt, firent des délibérations par lesquelles elles reconnurent la Noblesse des sieurs de Barbot, & déclarerent qu'elles n'entendoient point leur contester leurs qualités de Nobles & d'Ecuyers. Elles leur firent signifier ces délibérations; sur lesquelles, ainsi que sur les autres Piéces, le Procureur - Général donna ses Conclusions, & déclara qu'attendu que la Noblesse des sieurs de Barbot & leur Généalogie étoient bien constatées, il n'empêchoit que leur demande leur fût adjugée: sur quoi intervint Arrê définitif le 21 Février 1761, qui maintint les sieurs de Barbot dans leur Noblesse.

Le sieur de Barbot de Larcis, l'un des Exposans, possede dans la paroisse de Saint-Martin de Mazerac, *un Bordieu*. Ce domaine étoit cultivé par des Bordiers ou Colons partiaires qu'on imposoit au rôle des Tailles. Le sieur de Barbot de Larcis ayant voulu le faire cultiver à l'avenir par des valets à gages, en fit sa déclaration le 29 Juin 1762, au Greffe de l'Election de Guyenne, & la fit signifier le 29 Août suivant, aux Collecteurs, à l'effet d'empêcher l'imposition à la Taille, du nommé Lavau qu'il avoit choisi pour son valet.

Au mépris de cette déclaration, & contre les priviléges de la Noblesse du sieur de Barbot de Larcis, Lavau, son valet fut imposé à la Taille. Les Collecteurs furent assignés en l'Election de Guyenne, pour voir casser cette cottisation. Assistés d'un prétendu Syndic, ils défendirent à cette assignation. Le sieur de Barbot de Larcis leur fit signifier l'Arrêt de la Cour des Aydes du 21 Février 1761.

·5

Sur cette fignification, le Syndic préfenta une Requête
par laquelle il déclara que ni lui ni les Collecteurs ne prétendoient difputer au fieur de Barbot de Larcis, fa qualité
de Noble : ils foutinrent néanmoins que la cottifation de-
voit avoir fon effet, parce que Lavau n'étoit pas valet,
mais colon partiaire.

Sentence de l'Election dn 17 Mai 1763, qui caffe la coti-
fation avec défenfe aux Collecteurs de la renouveller, à
la charge par le fieur Barbot de Larcis de fe purger par fer-
ment, que le nommé Lavau étoit fon valet à gages.

Appel de cette Sentence à la Cour des Aydes par Boireau
Syndic & par les Collecteurs. Ils attaquent la nobleffe du
fieur Barbot de Larcis : celui-ci les y foutient non-recevable; & néanmoins reproduit tous fes titres. Arrêt contradictoire le 5 Septembre 1765 qui met l'appellation au néant,
ordonne que la Sentence de l'Election fortira fon plein &
entier effet : condamne les Appellans en l'amende & aux
dépens.

Boireau & fes adhérans ont demandé au Confeil la caffation de cet Arrêt. Leur Requête ayant été communiquée
à M. l'Infpecteur Général du Domaine, il en a lui-même
donné une dans laquelle il a conclu à ce qu'en déclarant
les Syndic & habitans de Saint-Martin de Mazerac non-
recevables dans leur demande en caffation, & cependant,
faifant droit fur fon Réquifitoire, fans s'arrêter aux Arrêts
de la Cour des Aydes de Guyenne du 21 Février 1761 &
5 Septembre 1765, qui feroient caffés & annullés, les fieurs
de Barbot fuffent déclarés roturiers, impofés à la Taille,
& condamnés comme ufurpateurs de Nobleffe, en telle
amende qu'il plairoit à Sa Majefté de fixer.

Arrêt du Confeil du 20 Octobre 1770, qui caffe les
Arrêts de la Cour des Aydes des 21 Février 1761 & 5
Septembre 1765; évoque le fonds au Confeil pour y être
procédé par les Parties, conformément à la Déclaration
du Roi de 1729.

Cet Arrêt a été fignifié aux fieurs de Barbot, & ils y font
oppofants.

A ij

MOYEN D'OPPOSITION.

Il y en a de deux fortes ; les uns contre les habitans de Mazerac, & les autres contre M. l'Infpecteur Général du Domaine.

Ceux qui concernent les habitans de Mazerac fe fubdivifent, & ils confiftent dans des fins de non-recevoir, & dans la réponfe à leurs prétendus moyens de caffation.

Moyens oppofés aux habitans de S. Martin de Mazerac.

Boireau qui figure dans l'inftance pour les habitans de Mazerac n'a cependant aucune qualité légitime ; il prend celle de Syndic de la Communauté ; jamais elle ne l'a nommé ni reconnu pour tel ; car on n'appellera pas la Communauté de Mazerac, qui eft compofée de plus de fix cens taillables ; une trentaine de payfans féditieufement attroupés par un Notaire ennemi juré des fieurs de Barbot ; nulle affemblée n'a été tenue pour l'election de ce prétendu Syndic. L'attroupement n'a été préfidée n'y par le Juge, n'y par le Curé, n'y par aucune perfonne de confidération, quoique cette paroiffe en foit remplie. Tout ce qu'il y a de perfonnes honnêtes s'eft refufé à une entreprife auffi paffonnée & auffi injufte. Et les Adverfaires ont eux-mêmes été fi bien perfuadés qu'ils ne repréfentoient pas la Communauté de Mazerac, qu'ils n'ont pas ofé faire tomber fur elle la condamnation de dépens que l'Arrêt de la Cour des Aydes a prononcé contr'eux ; ils les ont payés perfonnellement, & n'en ont reclamé aucune portion contre les autres habitans de la même paroiffe.

Fins de non-recevoir. Premiere fin de recevoir : Nomination vicieufe de Boireau.

Quand Boireau feroit véritable Syndic, il n'en feroit pas moins non-recevable à attaquer la Nobleffe des fieurs de Barbot. On a vu qu'il l'avoit reconnue devant l'Election, & avoit déclaré ne vouloir point la contefter. Il s'étoit retranché à foutenir que Lavau n'étoit qu'un colon partiaire, déguifé fous le nom de Valet : c'étoit bien avouer

Deuxiéme fin de non-recevoir : aveu fait par Boireau de la Nobleffe des fieurs de Barbot.

encore la Nobleſſe du ſieur de Barbot , puiſqu'il n'élevoit de queſtion que ſur la qualité de valet , que le ſieur Barbot de Larcis ſoutenoit avoir donnée à Lavau , ſon ancien colon.

Tout le monde ſçait que les Communautés ne peuvent s'engager dans aucun procès , ſans l'attache de l'Intendant de la Province. Telles ſont les diſpoſitions de l'Edit du mois d'Avril 1683 , & de trois Déclarations des 2 Août 1687 , 2 Octobre 1703 , & 13 Avril 1761. Cette derniere Loi permet d'oppoſer la fin de non recevoir aux délibérances procédans ſous le nom des habitans, ſans le conſentement du Commiſſaire départi.

Ce qui eſt ainſi preſcrit avec tant de rigueur contre les Communautés , doit bien l'être davantage contre de ſimples particuliers qui n'en forment point une. Boireau & ſes Aſſociés , connoiſſant les Loix qui les aſtraignoient à ſe faire autoriſer , ont bien tenté pour ſe garantir des peines portées par ces Loix , de ſurprendre l'autoriſation du Commiſſaire départi , par une Requête qu'ils lui ont préſentée ; mais ce Magiſtrat qui a découvert les principes d'animoſité qui les excitoient contre les ſieurs de Barbot , reconnus publiquement Nobles , a rejetté avec indignation la Requête préſentée , & a refuſé ſon autoriſation.

Dans le cas où la Communauté de St. Martin de Mazerac , voudroit elle-même attaquer la Nobleſſe des ſieurs de Barbot , elle y ſeroit non-recevable , puiſqu'elle l'a authentiquement reconnue par une délibération priſe à cet égard , lors de l'Arrêt du 21 Février 1761 , comme nous l'avons déjà remarqué. Combien plus de force ne doit donc pas avoir cette fin de non-recevoir contre les Adverſaires , à qui il ne doit pas être permis , puiſqu'ils ne forment qu'une petite partie de la Communauté , de détruire ce qu'elle a fait en Corps , & ce qu'ont fait & arrêté avec elle les Adverſaires eux-mêmes.

Pour donner lieu à cette fin de non-recevoir , il ne ſeroit pas même néceſſaire que l'Arrêt de 1761 , vérificatif de la Nobleſſe des Expoſans, eût été rendu comme il l'a été contradictoirement avec ces habitans ; il ſuffiroit qu'il l'eût été avec le Procureur-Général. Il eſt certain que tous les Arrêts qui prononcent ſur l'état des perſonnes, dèslors qu'ils ont eté rendus avec le miniſtere public, acquierent par cela ſeul toute l'autorité de la choſe jugée, même vis-à-vis de ceux qui pourroient y avoir quelqu'intérêt, & qui n'y auroient point été parties : ce principe eſt conſigné dans la Loi 15 au digeſt, *de ſtatu hominum*. Mornac atteſte la même maxime, en s'expliquant ſur cette Loi.

RÉPONSE.

Aux prétendus moyens de caſſation employés par les habitans de Mazerac.

Diſcuſſion du premier moyen de caſſation : incompétence prétendue de la Cour des Aydes.

Par la Déclaration du 8 Octobre 1729, obſervent les Adverſaires, toutes les recherches des prétendus faux Nobles ont été terminées. Depuis ce tems, il n'a plus été permis d'inquiéter les Citoyens ſur leur état de Nobles ou de Roturiers ; tout eſt rentré dans l'ordre où l'on étoit auparavant ; c'eſt-à-dire, qu'aucune queſtion ſur la Nobleſſe n'a pu être agitée dans les Tribunaux, qu'autant que cette queſtion aura été incidente à une autre queſtion principale : on infere de-là, que l'Arrêt de réglement de la Cour des Aydes de 1754, & ſon Arrêt de 1761, déclaratif de la Nobleſſe des ſieurs de Barbot, ont été incompétemment rendus, comme étant l'effet d'une recherche générales des faux Nobles.

RÉPONSE. Il eſt à remarquer que les Adverſaires n'ont cependant pas oſé conclure à la caſſation de ces Arrêts de 1754 & 1761 ; ils n'ont pris de concluſions que contre l'Arrêt du 5 Septembre 1765, dont nous parlerons un peu plus bas.

Les Cours des Aydes ne ſont point réduites, & n'ont jamais été bornées à connoître des queſtions ſur la Nobleſſe, dans le cas ſeulement où ces queſtions ſont incidentes à des contestations sur le fait des Tailles. La constitution de ces Cours, & la nature de leur établissement ont toujours demandé qu'elles pussent connoître de ces questions de Noblesse par action directe & principale : comment sans cela le Procureur-Général de ces Tribunaux, chargé par état de s'élever contre les abus qu'on pourroit commettre en s'arrogeant faussement la qualité de *Noble ou d'Ecuyer*, auroit-il pu prévenir ces abus, ou en arrêter les progrès ? Ce ministere auguste & si important, loin d'être une fonction active & surveillante, n'eût donc été qu'un emploi purement passif ! Le Magistrat public n'auroit été que le spectateur tranquille de l'oppression des contribuables trop foibles, ou trop peu fortunés pour oser se pourvoir contre des personnes accréditées qui auroient voulu faire retomber sur eux tout le poid des impositions Royales !

C'est pour remédier à de tels inconvéniens, que nos Rois ont voulu que les usurpateurs de Noblesse fussent *mulctés* d'amende arbitraire, à la poursuite du ministere public. Nos Livres sont pleins de Loix qui renferment, pour cet Officier, non-seulement des pouvoirs, mais encore des ordres très-précis, de veiller à ce que personne ne s'arroge faussement, & au préjudice des autres Citoyens, les qualités de *Noble* & d'*Ecuyer :* pour se convaincre de cette vérité importante, il ne faut que lire l'Ordonn. d'Orléans, celle de Blois, les Edits de 1551, 52, 53, 55 & 1583. Personne n'ignore l'Edit du mois de Janvier 1634 : ce Réglement général, qui contient les dispositions de tous les précédens Réglemens, & qui a servi de base à tous ceux qui ont suivi : par l'article premier de ce Réglement qui a été adressé aux Cours des Aydes seulement, & non aux Parlemens ; il a été ordonné que les usurpateurs de Noblesse seroient imposés à la Taille, suivant leurs biens & facultés : défenses sont faites par l'article second, à tous Sujets du Roi, d'usurper la qualité de *Noble*, à peine de 2000 livres d'amende « enjoignons, est-il dit à » la fin de cet article, à nos Procureurs-Généraux & à

» leurs Subftituts, de faire toutes pourfuites néceffaires
» contre les ufurpateurs defdits titres & qualités ».

Voilà donc les Procureurs-Généraux des Cours des Aydes bien folemnellement chargés de pourfuivre toute entreprife d'ufurpation de Nobleffe. D'après ces Réglemens, ces Officiers publics manqueroient à leur devoir, fi pour mettre en exercice leur miniftere, ils attendoient que l'abus fe fût déjà introduit, & qu'une autre queftion à laquelle l'abus ne feroit qu'incident, leur fournît l'occafion de déployer toute l'autorité que le Prince leur a mife en main. Il veut au contraire ; ils ordonne qu'ils faffent de *foigneufes recherches* de ces faux Nobles, qu'ils ne négligent aucunes *des pourfuites néceffaires contre les ufurpateurs de ces titres & de ces qualitées*.

Par une Déclaration du 6 Juillet 1604, Henri IV, après avoir dit que les Cours des Aydes étoient les Juges naturels des ufurpateurs de Nobleffe, ordonne que les Arrêts rendus par la Cour des Aydes de Rouen, fur la dénonciation ou à la requête du Procureur Général, tendante à faire impofer aux Tailles les ufurpateurs de Nobleffe, feroient exécutés fans avoir égard aux défenfes que pourroient donner le Parlement de la même Ville : il fut enjoint au Procureur Général de la Cour des Aydes de tenir la main à ce que telles ufurpations n'euffent lieu. Il eft remarquable qu'il fut encore enjoint aux Confeillers de la même Cour, *marchants par la Province*, de s'en informer, & d'y pourvoir à la diligence du Procureur Général.

Sur les Remontrances du Parlement de Rouen, préfentées au Roi au fujet de cette Déclaration, il intervint Arrêt contradictoire au Confeil entre les Députés du Parlement & ceux de la Cour des Aydes, qui ordonna l'exécution de la Déclaration, & arrêta que la Cour des Aydes connoîtroit de la qualité de *Noble* privativement au Parlement. Décifion conforme à l'effence de la jurifdiction des Cours des Aydes, à leur poffeffion conftante, & aux difpofitions de toutes les Ordonnances.

Il eft vrai que le feu Roi, guidé par des vues encore plus
étendues,

étendues, a preſcrit en différens temps une recherche générale des faux Nobles ; & c'eſt pour cela qu'en 1655,
56, 61, 64, 68 & 1696, il fut donné des Déclarations
& établi des Commiſſions. Mais la Juriſdiction attribuée à
ces Commiſſions, ne fut que paſſagere & momentanée ; ce
qui ſe prouve par les renouvellemens multipliés qu'on en
fit. Tant que cette Juriſdiction eut ſon effet, l'exercice
de celle confiée aux Cours des Aydes, ne fut que ſuſpendu ;
& lorſque ces Commiſſions ont été révoquées, les Cours
des Aydes ont repris leurs premieres fonctions. Elles ſe
ſont occupées, comme auparavant, des pourſuites au ſujet de l'uſurpation de Nobleſſe, dont les Ordonnances
leur avoient fait un devoir très-rigoureux.

La Déclaration de 1729 a bien révoqué la recherche
générale ordonnée par la Déclaration de 1696, & les
Commiſſions établies par cette derniere Loi ; mais la Déclaration de 1729 n'a rien changé à l'ancien état des
choſes, elle n'a fait que les rétablir ; & comme elle n'a
point dérogé à l'Edit du mois de Janvier 1634, & aux
autres Loix dont nous avons déja parlé, qui chargent les
Cours des Aydes des pourſuites les plus ſérieuſes contre les
Uſurpateurs de Nobleſſe, ces Cours ont repris l'exercice
de la juriſdiction que ces Loix leur avoient confié à cet
égard.

Pour peu qu'on faſſe attention aux termes de la Déclaration de 1729, on ne ſçauroit ſe diſſimuler que les Cours
des Aydes n'ayent une juriſdiction principale, & non pas
ſeulement inſidente, pour la pourſuite des Uſurpateurs de
Nobleſſe : « Voulons qu'à l'avenir (porte cette Déclara-
» tion), que toutes les conteſtations concernant l'uſurpa-
» tion des titres de Nobleſſe, qui ſurviendront à l'occa-
» ſion de la levée des Tailles, ſoient portées en nos Cours
» des Aydes, chacune dans ſon reſſort ».

Il eſt à remarquer que cette Loi, en parlant de *conteſtations*, ne diſtingue point lorſque la queſtion ſur la Nobleſſe
ſera principale, ou ſeulement incidente ; lorſqu'elle aura
été agitée ſur la demande des Particuliers, ou à la requête

de la Partie publique. Dans tout les cas, c'eſt à la Cour des Aydes à en connoître, par action nouvelle & principale, ſur la pourſuite du Procureur Général; & par voie d'incident, lorſqu'il a rapport à une conteſtation entre Particuliers.

Ce n'eſt point ainſi que s'explique la Déclaration de 1729 au ſujet des Parlemens, qui n'ont en effet jamais eu qu'une connoiſſance incidente des queſtions de Nobleſſe : « N'entendons néanmoins (eſt-il dit dans cette Déclara- » tion) empêcher que nos Cours de Parlement, & les » Juges ordinaires qui leur ſont ſubordonnés, ne prennent » connoiſſance, ainſi qu'ils ont bien & ducment fait par le » paſſé, des queſtions de Nobleſſe *incidentes aux matieres* » *& conteſtations qui ſont de leur compétence* ».

Si la Loi eût voulu réduire les Cours des Aydes, comme les Parlemens, à la connoiſſance *incidente* des queſtions de Nobleſſe, elle n'auroit pas manqué de s'en expliquer. On voit au contraire, que lorſqu'il s'agit des Cours des Aydes, la Déclaration leur attribue toute connoiſſance des queſtions de Nobleſſe, à l'occaſion de la levée des Tailles, c'eſt-à-dire, pour empêcher par toutes les précautions poſſibles, qu'on n'abuſe de la fauſſe qualité de Noble, pour ſe ſouſtraire aux Impoſitions publiques.

C'eſt pour prouver combien la connoiſſance de ces matieres eſt naturellement de la compétence des Cours des Aydes, que le Roi, par la Déclaration de 1729, leur a renvoyé, chacune dans ſon reſſort, toutes les Inſtances ſur la recherche des Nobles, qui étoient pendantes devant les Commiſſions établies par la Déclaration de 1696, & qui étoient reſtées indéciſes au moment que ces Commiſſions ont été ſupprimées. Par ce renvoi, le Prince a clairement fait entendre qu'il ne vouloit pas que ſon Conſeil s'occupât davantage d'aucunes conteſtations ſur la Nobleſſe; puiſqu'en le dépouillant de celles qui y étoient pendantes & indéciſes, il a, à plus forte raiſon, voulu lui ôter la connoiſſance directe & principale de celles qui pourroient naître à l'avenir; & en chargeant les Cours des

Aydes de la connoiſſance des premieres , il a bien conſé-
quemment ordonné qu'elles connuſſent des dernieres. Il
réſulte de là, que les Cours des Aydes remplacent à cet
égard les Commiſſions & le Conſeil , & qu'elles doivent
connoître à leur exemple des mêmes conteſtations. Or
perſonne n'ignore que dans les Inſtances portées devant
ces Commiſſions , & devant le Conſeil lui-même , lors de
la recherche des faux Nobles , la queſtion de Nobleſſe ne
fût la queſtion principale à juger, dont le maintien de
l'égalité dans la contribution aux Tailles, étoit le motif ;
& il ſeroit ridicule de prétendre que ces Commiſſions n'euſſent pu connoître de la queſtion de Nob'eſſe , qu'autant
qu'elle eût été incidente à une demande principale ſur un
fait de Tailles. La Cour des Aydes, qui ſupplée ces Commiſſions ſupprimées, a donc comme elles, la pleine &
entiere juriſdiction de l'uſurpation de Nobleſſe , pour rétablir l'égalité dans la répartirion des Impôts.

Il eſt aiſé de voir après cela , que les Adverſaires n'ont
pu , ſans une fauſſe interprétation de la Déclaration de
1729, prétendre que cette Loi ait abſolument aboli toute
recherche des faux Nobles ; & que les Cours des Aydes ,
lorſqu'il s'agit de rendre les Uſurpateurs de Nobleſſe au
nombre des Taillables , ne puiſſent pas les inquiéter & les
pourſuivre ſur leur uſurpation. Il n'y auroit donc point de
Juges de ces délits , ſi la pourſuite & la connoiſſance en
étoient interdites aux Cours des Aydes ? Eh ! comment
réprimer les entrepriſes des Uſurpateurs , ſi les Procureurs
Généraux de ces Cours ſe trouvoient ſans miniſtere ? Il
dépendroit donc de ces Uſurpateurs de s'affranchir des
charges de l'Etat , & d'en accabler les autres Contribuables !

Le Conſeil dépouillé comme on l'a vu par la Déclaration de 1729, de l'attribution paſſagere qui lui avoit été
faite de ces matieres ; le Parlement borné par la même Déclaration , à ne connoître de ces queſtions qu'incidemment
comme par le paſſé ; il auroit été indiſpenſable d'en renvoyer la connoiſſance pleine & entiere, principale & directe

aux Cours des Aydes, fi les anciennes Loix ne leur euffent pas déja donné cette attribution.

On nous a objecté qu'on avoit le droit d'impofer les faux Nobles, & que lorfqu'ils fe pourvoiroient contre cette impofition, les Cours des Aydes auroient l'occafion ainfi que la faculté de connoître incidemment de leur prétendue nobleffe.

Mais encore un coup, fi ces ufurpateurs font des gens accrédités ; fi à leur opulence eft attachée en quelque maniere l'exiftence des contribuables infortunés ; fi la crainte ou le befoin les intimide ; le Procureur-Général de la Cour des Aydes qui connoîtra ces injuftices, les verra donc fans pouvoir y remédier : il faudra qu'il contienne les mouvemens de fon zéle, & que le malheureux fans appui fupporte feul tout le fardeau des impofitions : de telles maximes ne fçauroient convenir n'y à la fageffe de nos Loix, ni aux foins que prend le Prince du foulagement de fes peuples.

En vain prétendroit-on, que l'incompétence de la Cour des Aydes de Bordeaux femble avoir été préjugée par l'Arrêt du Confeil, auquel les fieurs de Barbot font oppofans, & par lequel il a été ordonné, que les Parties, fur les conteftations jugées par les Arrêts de la Cour des Aydes qui ont été caffés fur Requêtes non-communiquées, procédroient au Confeil conformément à la Déclaration de 1729.

Il eft évident que cette difpofition d'Arrêt n'eft qu'une furprife faite à la religion du Confeil ; & pour s'en convaincre, il fuffit de fe rappeller que par cette Déclaration de 1729, le Roi n'a pas même voulu conferver à fon Confeil la jurifdiction des inftances qui y étoient indécifes à cette époque ; il les a toutes renvoyées, ainfi que celles qui pourroient naître dans la fuite, devant les Cours des Aydes. Sa Majefté ne s'eft réfervée & à fon Confeil, que la connoiffance des conteftations qui fe formeroient comme une fuite des jugemens déja rendus fur cette matiere, dans les Commiffions révoquées par la Déclaration de 1729, « fans » que notredite Cour des Aydes (porte cette Loi) puiffent

» prendre connoiſſance d'aucunes des conteſtations qui ont
» été jugées dans les deux dernieres recherches ; ſoit par
» des Ordonnances des Commiſſaires départis dans les
» Provinces de notre Royaume , ſoit par des Jugemens des
» Commiſſaires de notre Conſeil, ou par des Arrêts ren-
» dus en notre Conſeil : mais ſeront tenues noſdites Cours
» de renvoyer pardevant Nous, les conteſtations de ce genre
» qui auront été renouvellées devant elles «.

On ne peut donc pas douter qu'à l'exception des conteſtations qui pourroient naître de l'exécution des Jugemens
déja rendus ſur la nobleſſe, ſoit par des Commiſſaires, ſoit
par le Conſeil, la connoiſſance de toutes les autres auxquelles peuvent avoir rapport les impoſitions publiques,
ne ſoit entiérement dévolue aux Cours des Aydes pour juger par action principale. Ce ſeroit aller contre la Déclaration de 1729, que de les porter devant le Conſeil ; puiſ-
que le Roi par cette même Déclaration a ouvertement déclaré qu'il ne vouloit pas que ſon Conſeil s'en occupât
davantage. Or, dans l'eſpece des ſieurs de Barbot , il ne
s'agiſſoit point de Jugement qui eût été rendu par aucune
des Commiſſions : leur état étoit trop connu, & leurs ayeux
en jouiſſoieat trop ouvertement, pour que les Commiſſaires leurs ſuſcitaſſent aucune inquiétude : d'où il ſuit,
que, la conteſtation qu'on a fait éprouver aux ſieurs de
Barbot étoit une entrepriſe nouvelle, qui ne pouvoit être
que de la compétence de la Cour des Aydes.

Cette compétence ne ſçauroit être n'y plus ſolemnelle-
ment, n'y plus formellement jugée qu'elle l'a été par le
Conſeil lui-même il y a peu de temps, en faveur de la
Cour des Aydes de Guyenne, dans l'affaire du ſieur Riſſan.
Ce particulier ayant été pourſuivi comme uſurpateur
de Nobleſſe, par le Procureur-Général , & ayant été
impoſé à la Taille en vertu d'un Arret de la Cour , s'étoit
irrégulièrement adreſſé au Parlement de Bordeaux , & y
avoit fait caſſer l'Arrêt de la Cour des Aydes : l'Arrêt du
Parlement a lui-même été caſſé au Conſeil , par Arrêt du
premier Août 1763, lequel a maintenu la Cour des Aydes

dans le droit de connoître par action principale, & sur la pourfuite du Procural-Général, de l'ufurpation de nobleffe.

C'eft en vertu de cette compétence attribuée aux Cours des Aydes au fujet de la vérification des titres des prétendus nobles qui cherchent à fe fouftraire à la Loi des impôts, que la Cour des Aydes de Guyenne a fait fur cette matiere, comme fur toutes les autres qui lui font foumifes, différents Réglements, & notamment celui de 1754, contre lequel fe font elevés les Adverfaires avec fi peu d'égards. Ce Réglement n'eft point comme ils ont voulu le faire entendre, une recherche générale des faux Nobles; il n'a ni les mêmes principes, ni les mêmes vues ni la même exécution : on s'y propofe uniquement d'empêcher que les perfonnes qui ne font pas nobles, ne puiffent fous cette foffe qualité, fe fouftraire aux Rôles des Tailles.

Cette Cour des Aydes de Guyenne n'eft pas la feule en France qui fe foit occupée d'un pareil foin, pour rétablir l'égalité dans les impofitions publiques. On trouve dans le Code des Tailles un Arrêt de Réglement de la Cour des Aydes de Paris du 27 Juin 1607, rendu fur le Réquifitoire du Procureur-Général, par lequel cette Cour pour arrêter les abus qui fe commettoient, a forcé les prétendus Nobles foumis à fa Jurifdiction, de venir juftifier devant elle dans un court délai, de leurs titres de nobleffe; faute de quoi, ordonne qu'ils foient impofés à la Taille.

Cet Arrêt de Réglement n'a point été dénoncé au Confeil comme un attentat à l'autorité dé Sa Majefté, ni comme un infraction des regles : loin d'être attaqué, il a paru mériter qu'on le recueillît, & qu'on le préfentât comme un monument de la fageffe des Magiftrats qui l'ont rendu

A l'égard de la compétence de la Cour des Aydes lors de fon Arrêt du 21 Février 1761, qui a vérifié la nobleffe des fieurs de Barbot, & les y a maintenus, on ne fçauroit pas plus raifonnablement contefter cette compétence. Cet Arrêt n'eft que l'exécution du Réglement de 1754; la Cour des Aydes par conséquent n'a pas moins été compétente dans ce dernier cas que dans l'autre.

Voici une observation qu'on fait les Adversaires au sujet de la compétence de la Cour des Aydes de Guyenne. » Supposons, ont-il-dit, que le Procureur-Général de » cette Cour eût été instruit que les sieurs de Barbot simples » roturiers, s'exemptoient du paiement de la Taille dans » les paroisses de Mazerac, & de Coutras, à la faveur de » l'usurpation de la qualité de Noble, & que par la » connivence ou la foiblesse des habitans, cette entre- » prise devenoit impunie : si dans ce cas M. le Procureur- » Général eût donné son Réquisitoire pour obliger les sieurs » de Barbot à justifier dans un bref délai, de leur noblesse, » où à faute d'en justifier, pour les faire condamner au » paiement de la Taille ; dans ce cas, les poursuites de ce » Magistrat auroient été régulieres, parce qu'elles au- » roient eu un objet déterminé relativement à l'imposition » des Tailles, & au maintien de l'égalité dans la contribu- » tion aux Tailles. Et c'est dans ce sens que les Adver- saires, qui ont senti toute la force du préjugé de l'Arrêt rendu au Conseil le premier Août 1763, au sujet du sieur Rissan, ont dit : « Qu'il falloit envisager la justice de cet » Arrêt. Mais, ont-ils ajouté, que la Cour des Aydes » fasse de sa propre autorité une recherche générale de la » Noblesse, & qu'elle oblige tous les Nobles & Privilé- » giés à soumettre leurs titres à l'examen & à la vérifica- » tion ; c'est une entreprise intolérable ».

La Cour des Aydes, d'après nos Adversaires eux-mêmes, a donc le droit de connoître, par action directe & princi- pale, & sur le requisitoire de M. le Procureur Général, de l'usurpation de Noblesse, pour empêcher qu'un faux Noble ne se dérobe à la Loi des Impôts. Ce Magistrat peut requé- rir, & le Tribunal peut ordonner que dans un bref dé- lai, le prétendu Noble justifiera de sa Noblesse ; & qu'à faute de ce faire, il sera imposé à la Taille. Cette Procé- dure seroit réguliere, disent les Habitans de Mazerac ; mais ils ne s'apperçoivent pas qu'on ne sçauroit jamais mieux juſtifier la conduite qu'a tenue la Cour des Aydes. Cette Cour, ſur le bruit général d'une pareille uſurpation commiſe, dont les exemples étoient multipliés, & ſur le réquiſitoire du Miniſtere public, rendit un Arrêt en 1752, pour obliger les prétendus Nobles à juſtifier de leur No-bleſſe : il leur fut accordé un mois pour faire cette juſtifi-cation ; faute de quoi il fut enjoint de les mettre à la Taille. Par le Réglement de 1754, il fut preſcrit un ordre de Procédure qu'ont dû ſuivre pour ſe faire rétablir, ceux qui faute d'avoir juſtifié de leur Nobleſſe dans le délai porté par le Réglement de 1752, avoient été impoſés à la Taille. N'eſt-ce pas-là la même conduite que celle que les habitans de Mazerac avouent être réguliere ? Prétendroient - ils mettre quelque différence entre l'eſpece d'un ſeul particu-lier, & celle de diverſes perſonnes réunies ? Mais ce que la Cour des Aydes peut faire à l'égard d'un ſeul uſurpateur, pourquoi ne le pourroit-elle pas à l'égard de pluſieurs uſur-pateurs à la fois ? Dans l'un comme dans l'autre cas, *les pourſuites ont un objet déterminé, relativement à l'impoſition des Tailles, & au maintien de l'égalité dans la contribution aux Tailles.*

C'eſt d'autant moins une recherche générale des Nobles que la Cour des Aydes ait entendu faire, qu'elle a eu le ſoin d'excepter de la juſtification de titres preſcrite par ſon Réglement, toutes les perſonnes dont la Nobleſſe étoit publiquement avouée.

Enfin veut-on que la Cour des Aydes fût ſans compé-tence lors de ſon Réglement du 27 Juillet 1754, qui a appellé ceux qui ſe prétendoient Nobles, à la juſtification de leurs titres ; & lors de l'Arrêt du 21 Février 1761, qui, en conſéquence de ce Réglement de 1754, a vérifié la Nobleſſe des ſieurs de Barbot, & les y a maintenus : on n'aura certainement pas le même reproche à faire à l'Arrêt de cette Cour, du 5 Septembre 1765, qui a ſtatué ſur l'appel de la Sentence de l'Election de Guyenne, où l'on avoit déclaré nulle l'impoſition à la Taille, que les Collecteurs de Saint-Martin de Mazerac avoient faite de la perfonne du Valet du fieur de Barbot de Larcis, à qi ils avoient ofé contefter fon état de Noble & de privilégié. Il eft bien certain que lors de ce dernier Arrêt, pour lequel feul les fieurs de Barbot doivent prendre quelqu'intérêt, la Cour des Aydes n'a pas connu de la Nobleffe de ces derniers par action nouvelle & principale, mais incidemment à une queftion de Tailles ; puifqu'il s'agiffoit de fçavoir fi le Valet avoit été valablement impofé, comme fervant un Roturier, ou s'il l'avoit été contre le privilége de la Nobleffe du fieur Barbot de Larcis. Il réfulte de-là, que cet Arrêt de 1765 n'a contrevenu ni à la Loi, ni aux principes, ni à la Jurifprudence du Confeil ; il remplit même toutes les vues des Adverfaires, qui prétendent que les Cours des Aydes ne font point autorifées à connoître directement de l'ufurpation de Nobleffe, quoiqu'on ne s'y propofe d'autre objet, que de faire rentrer les Ufurpateurs dans la claffe des Contribuables. Il s'enfuit encore que cet Arrêt de 1765, qui ne fçauroit être caffé, puifqu'il ne contient aucune forte de contravention, doit être exécuté, & les fieurs de Barbot maintenus dans leur Nobleffe, fur laquelle il a contradictoirement ftatué.

On prétend que lors de l'Arrêt du 21 Février 1761, qui a vérifié la Nobleffe des fieurs de Barbot, la Cour des Aydes leur a accordé, d'une maniere déguifée, un annobliffement qu'ils n'avoient pas ; ce qui, difent les Adverfaires, eft un attentat éclatant contre la Souveraine autorité, à laquelle feule il appartient de faire des Nobles.

Que porte cet Arrêt de 1761 ? Que les fieurs de Barbot ayant juftifié de leurs titres de Nobleffe, *continueront de jouir de leur qualité de Noble.* Qui parle d'une continuation de Nobleffe, ne dit pas une création ou une conceffion actuelle de Nobleffe : il ne faut que les premieres lumieres du bon fens pour entendre cette logique. La Cour des Aydes a bien déclaré que les fieurs de Barbot étoient Nobles, mais elle ne les a pas annoblis, comme on le prétend fauſſement. Elle les a déclarés Nobles, c'eſt-à-dire, elle a jugé que les titres de Nobleſſe qu'ils lui ont préſentés étoient ſuffiſans. Elle n'a point entendu leur donner une Nobleſſe qu'ils n'euſſent pas, ou les reſtituer dans une qu'ils euſſent perdue ; elle les a maintenus dans l'état dont elle les a cru en poſſeſſion.

D'ailleurs, on doit d'autant moins écouter ici les habitans de Saint-Martin de Mazerac, que ce n'eſt pas cet Arrêt qu'ils attaquent ; ils n'ont demandé la caſſation que de celui du 5 Septembre 1765.

<table><tr><td>Diſcuſſion du troiſiéme moyen de caſſation, où l'on a prétendu que la Cour des Aydes ne pouvoit connoître que par la voie de l'appel, de la queſtion de Nobleſſe des ſieurs de Barbot.</td><td>

Si c'eſt par rapport à l'Arrêt de 1761 que les Adverſaires prétendent faire cette objection, nous leur oppoſerons ce qui vient d'être obſervé un peu plus haut, qu'ils n'ont pas conclu contre cette Arrêt ; que par conſéquent ils ne doivent pas être écoutés. Du reſte, nous venons de faire voir les raiſons pour leſquelles, lors de l'Arrêt de 1761, la Cour des Aydes a pu connoître directement de la Nobleſſe des ſieurs de Barbot.

Dirigeroit-on cette objection contre l'Arrêt contradictoire du 5 Septembre 1765 ? elle porteroit évidemment à faux, puiſqu'on a prouvé que ce n'eſt que ſur l'appel de l'Election, & conjointement avec une queſtion de Taille, que la Cour des Aydes a rendu cet Arrêt du 5 Septembre 1765, qui a maintenu les ſieurs de Barbot dans leur Nobleſſe.

</td></tr><tr><td>Diſcuſſion du quatriéme moyen de caſſation, où l'on a ſoutenu que l'Arrêt du 5 Septemb. 1745 avoit contrevenu à la Déclar. du 21 Février 1663.</td><td>

Il y a une contravention formelle, ont dit les Adverſaires, à la Déclaration du 12 Février 1763, qui défend aux Nobles, ou Privilégiés de ſe ſervir, pour faire valoir leurs terres, de gens compris aux Roles des Tailles. Le colon du ſieur Barbot étoit impoſé à la Taille ; il ne pouvoit donc pas être affranchi de cette impoſition, en ſuppoſant même le ſieur de Barbot Noble ; & la Cour des Aydes n'a pas pu, ſans une contravention à la Loi, prononcer par ſon Arrêt, cette exemption de Taille.

</td></tr></table>

RÉPONSE. Rien n'eſt plus ſimple ni plus clair que la diſpoſition de cette Déclaration dont il paroît que les habitans n'ont pas entendu le sens. Pour premiere réponse, on doit remarquer que les habitans ont imposé le valet du sieur de Barbot pour 1763, & le sieur de Barbot avoit déclaré au Greffe de l'Election dès le mois de Juin 1752, qu'il prétendoit faire valoir son *Bordieu*, à sa main, par un valet à gages : donc c'est à tort que ces Collecteurs ont imposé ce valet à la Taille, puisqu'il suffit, comme il a été jugé par un Arrêt du 16 Décembre 1737, que l'on ait déclaré au Greffe de l'Election, qu'on entend vivre noblement, qu'on ait fait publier cette déclaration à la porte de l'Eglise, & qu'on l'ait fait signifier aux Collecteurs, toutes choses auxquelles le sieur de Barbot avoit satisfait.

Mais les habitans prétendent que lors de l'enregistrement de la Déclaration de 1663, la Cour des Aydes ajouta cette modification, « à la charge que les Nobles & Privilégiés » ne pourroient se servir, pour faire valoir leurs Fermes, » de ceux qui auroient été Fermiers, que trois ans après » qu'ils auroient été sortis de leurs Fermes ». Mais cette modification fut levée par Arrêt du Conseil du 12 Août 1663. C'étoit un entrave que vouloit donner la Cour des Aydes, & dont le Roi a voulu débarrasser l'exécution de sa Déclaration ; aussi n'a-t-elle jamais été autrement exécutée dans la Province de Guyenne, que de la maniere dont cet Arrêt du 12 Août 1663 l'a reglé.

De tout ce que nous venons d'opposer aux habitans de Saint-Martin de Mazerac, il résulte qu'ils ne sont pas moins non-recevables que mal fondés dans leur demande en cassation de l'Arrêt de la Cour des Aydes, du 5 Septembre 1765.

M. l'Inspecteur Général du Domaine, appellé par le Conseil dans cette affaire, ne s'est pas élevé avec moins de force que les sieurs de Barbot, contre les habitans de Saint-Martin de Mazerac, qu'il a aussi soutenu être non-recevables & mal fondés dans leur demande en cassation. Mais surpris par les fausses idées qu'ils lui ont données de

Moyens d'opposition employés contre M. l'Inspecteur Général du Domaine.

la Nobleſſe des ſieurs de Barbot, il a cru devoir l'attaquer de ſon chef; & il eſt en effet parvenu à faire caſſer les Arrêts de la Cour des Aydes, des 21 Février 1761 & 5 Septembre 1765, qui ont maintenu les ſieurs de Barbot dans leur état de Nobles. M. l'Inſpecteur Général n'a attaqué ces Arrêts, ni par le moyen d'incompétence, ni par aucun de ceux qu'ont employés les habitans de Saint-Martin de Mazerac; il a au contraire fait voir, avec autant de chaleur que de vérité, que ces moyens n'étoient pas propoſables. Ses moyens de caſſations ont conſiſté uniquement à prétendre que certains faits de dérogeance qu'on oppoſe à la famille des ſieurs de Barbot, auroient dû empêcher la Cour des Aydes de les maintenir comme elle a fait par ſes deux Arrêts, dans leur prétendue Nobleſſe.

On conçoit d'après cela, que les prétendus moyens de l'oppoſition que les ſieurs de Barbot ont droit de former à l'Arrêt de caſſation, rendu ſur Requête non-communiquée, doivent néceſſairement dériver de la preuve de leur Nobleſſe.

Idée ſommaire de la Nobleſſe des Srs. de Barbot.

Les ſieurs de Barbot ſont Nobles d'extraction; il n'eſt pas poſſible de donner à leur Nobleſſe, d'origine connue; elle eſt de celles qui ſe perdent dans la nuit des tems. Le premier de leurs ayeux qu'ils puiſſent découvrir, eſt Joſeph de Barbot, qui au mois de Mars 1510, en allant combattre pour ſon Roi & ſa patrie, en qualité de Capitaine dans la Légion de Picardie, fit un Teſtament où il prend la qualité d'*Ecuyer*, & réunit tous les autres caracteres que l'on peut deſirer pour faire éclater la Nobleſſe la plus ancienne & la plus illuſtrée.

Le long intervale qui ſépare ce brave Capitaine, des ſieurs de Barbot, Expoſants, a été rempli par ſept générations en ligne directe, qui toutes ſe prouvent par des titres contre leſquels M. l'Inſpecteur Général n'a propoſé aucun reproche; par des Contrats de mariage tous expédiés la forme la plus authentique & la plus réguliere. Chacune des perfonnes qui compofent cette Généalogie, a pris dans ces actes, comme dans une infinité d'autres titres, les qualités ou d'*Ecuyer*, ou de *Noble*, ou de *Meffire*, ou de *Baron*; & quelquefois plufieurs de ces qualités enfemble; & jamais nulle part, aucune qualification dérogeante.

Tous les Barbot depuis Jofeph, fouche primitive, jufqu'aux Expofans, ont poffédé des Fiefs, & même des Terres titrées, & en ont porté les noms : jamais (chofe effentielle à remarquer, & qui doit faire la plus vive impreffion !) jamais aucun droit de franc-fief ne leur en a été demandé; ils n'en ont jamais payé d'aucune efpece : quelle plus forte preuve de leur Nobleffe ! Les Prépofés du Domaine peuvent bien quelquefois oublier dans leurs recherches, un poffeffeur de Fief; il fe fera caché; ou à la faveur de quelque furprife, il fe fera fouftrait à la claffe des Roturiers inquiétés; mais fept générations confécutives auront-elles eu le même avantage ? La raifon ne permet pas de le préfumer : il faudroit cependant aller jufque-là, pour pouvoir penfer qu'une exemption auffi longue & auffi fuivie du droit de franc-fief, dont le paiement eft une marque infaillible de roture, ne forme pas une preuve inconteftable de Nobleffe. Les Adverfaires n'ont pas ofé répondre à ce moyen triomphant ; circonftance qui lui communique une nouvelle force. C'eft auffi en vertu de cette Nobleffe fi bien conftatée, & fi connue, que pour le paiement du Dixiéme, les Expofans ne font infcrits, & ne l'ont jamais été que fur le rôle des Nobles de la Province : c'eft ce qui fe trouve juftifié par le certificat qu'ils en rapportent.

M. l'Infpecteur-général du Domaine de la Couronne n'a pas cru pouvoir contefter la Généalogie des fieurs de Barbot. Il convient qu'ils defcendent en ligne directe de ce Jofeph de Barbot fieur de Putruault, Capitaine au Régiment de Picardie : il ne défavoue point que ce Jofeph de Barbot n'ait pris & n'ait eu raifon de prendre la qualité d'*Ecuyer* par fon Teftament de 1510, que cette qualité ne fe foit perpétuée fans tache dans les trois générations fuivantes ; mais

OBJECTIONS de M. l'Infpecteur Général du Domaine contre la Nobleffe des fieurs de Barbot, & par lui employées pour moyens de caffation contre les Arrêts de la Cour des Aydes des 21 Fév. 1761 & 5 Sept. 1765.

il prétend que la Nobleſſe d'extraction que les ſieurs de Barbot réclament, s'évanouit ſur la tête de Pierre Barbot de Goujonville leur ayeul, par un effet de ſa dérogeance marquée, dit-on, par trois faits, 1°. Il a été cottiſateur & Collecteur de Saint-Émillion. 2°. Il a été mis pluſieurs fois à la Taille. 3°. Il a pris un Bail judiciaire. On ajoute en quatrieme lieu, que, Denis Romain Barbot ſon frere, condamné comme uſurpateur de Nobleſſe, s'eſt ſoumis à l'amende prononcée contre lui. Ce ſont les ſeuls moyens que M. l'Inſpecteur ait oppoſés contre la Nobleſſe des ſieurs de Barbot ; & ils lui ont été adminiſtrés par les habitans de Mazerac, qui n'ont pas craint de tromper ſa Religion de la maniere la plus répréhenſible.

Deux actes des 27 & 30 Décembre 1674 ont été fournis à cet égard par les habitans de Mazerac ; mais, ils ne peuvent faire aucune foi en Juſtice : l'un eſt ſans ſignature ; ce n'eſt donc qu'un chiffon : on y voit de plus, des lacunes, des blancs, des apoſtilles & des renvois également ſans ſignatures, & qui n'ont aucuns rapports avec le corps de l'acte : il y a plus que de la témérité à préſenter en Juſtice, un tel écrit, comme une preuve authentique. L'autre acte ne mérite pas plus d'égard ; car outre qu'on n'y trouve aucun ſens, l'Officier qui en a fait l'expédition, déclare qu'il y a des mots raturés, ſans avoir été approuvés du Notaire ni des témoins, ce qui rend cet écrit radicalement nul.

D'ailleurs, ſi payer la Taille n'eſt pas une marque infaillible de roture comme on le verra tout-à-l'heure, à plus forte raiſon aſſeoir & répartir cette impoſition n'eſt pas un acte de dérogeance. MM. les Intendans Commiſſaires départis font des Rôles & des Taxes d'Offices, & en cela, ils ſont véritables cottiſateurs : les Maires, Capitouls, Jurats & Conſuls des Villes font les Rôles, & cottiſent eux-mêmes chaque habitant ; ils repréſentent le peuple ; ils ſont Collecteurs nés, & Collecteurs principaux de leurs Villes & de leurs Communautés ; il y a des Gentilshommes parmi ces Officiers municipaux ; peut-on dire qu'ils dérogent dans ces places, & qu'ils perdent leurs priviléges ? Pierre Barbot de

Goujonville, ayeul des Expofants, a été Maire de Saint-Emillion ; par conféquent la qualité de Cottifateur, pendant ce tems-là, étoit de néceffité pour lui, fans qu'elle ait pu nuire à fon état particulier & d'origine. On peut d'autant moins douter que fon état fût un état de *Noble*, qu'indépendamment de la qualité de *Meffire* qu'il a prife dans fon Contrat de mariage, & de celle de *Noble* qui lui a été donnée dans celui de fa fœur, & dans une foule d'autres actes, deux fois durant les Guerres civiles, il a été convoqué avec les autres Gentilshommes de la Province pour le fervice du Roi : on rapporte les Lettres de convocation.

On ne trouvera nulle part qu'on ceffe d'être noble parce qu'on a été impofé à la Taille. Toute contribution aux néceffités publiques n'eft ni baffe, ni vile. *

C'eft une queftion qu'on a pu fe difpenfer d'approfondir ; il eft certain & démonrré que Pierre Barbot de Goujonville n'a point été mis à la Taille. Dans les Rôles de Tailles rapportés par les Adverfaires & qui font au nombre de cinq ; c'eft un *Pierre Barbot*, & non pas, *Pierre Barbot de Goujonville*, qui a été impofé : cela eft d'autant plus vrai, que jamais on n'a nommé le fieur de Barbot, ayeul des Expofants, jamais il n'en a été fait mention dans aucun des actes produits à fon fujet, que le furnom de *Goujonville* n'ait été ajouté. Il feroit bien fingulier que cette omiffion n'eût précifément été commife, que lorfqu'il auroit été queftion de l'impofition à la Taille. Il y a eu de tout temps, & il y a encore dans le pays dont il s'agit, une multitude de famille roturieres fous le nom de *Barbot*, où il n'a pas été difficile de rencontrer un ou plufieurs individus fous le nom de *Pierre Barbot*. Un feul homme a été connu four le nom de *Pierre Barbot de Goujonville* ; & c'eft celui-là même qu'on ne voit compris dans aucun Rôle de Tailles. Il poffédoit des Fiefs, notamment ceux de Pleinefelve & d'Andron, s'il eût payé la Taille, comment n'auroit-il pas auffi payé les droits de Franc-Fiefs ? La franchife de l'un eft une preuve de l'exemption de l'autre ; toutes deux ont eu leur

principe dans la Nobleſſe d'extraction de Pierre de Goujonville.

Enfin, pour ne rien négliger. Veut-on que Pierre Barbot
de Goujonville ait été impoſé à la Taille, il n'en réſulteroit
rien de contraire à la Nobleſſe des Expoſans, parce qu'en
1691 premiere époque de l'impoſition à la Taille qu'on oſe
attribuer à Pierre Barbot de Goujonville, Jean Barbot de
Fonbonne ſon Fils, & pere des Expoſants, étoit déja né
ſuivant ſon Extrait Baptiſtaire du 22 Janvier 1678 ; ce qui
l'auroit mis à l'abri & ſa poſtérité de la tache de dérogeance à laquelle auroit été expoſé Pierre de Goujonville, par
ſon impoſition à la Taille.

RÉPONSE
à la qualité de Fer-
mier Judiciaire.

Le bail judiciaire dont on reproche à Pierre Barbot de
Goujonville de s'être chargé, étoit celui d'une partie des
biens de la Demoiſelle Pipaud ſa ſœur utérine, & ſa débi-
trice. Ce bail n'étoit que de la ſomme de 290 liv. chaque
année : deux choſes ont été prouvées avec beaucoup d'é-
tendue dans l'inſtance, & dans un Mémoire imprimé, 1°.
qu'un Gentilhomme qui eſt créancier d'une partie ſaiſie,
peut en être le Fermier judiciaire, s'il n'y paroît engagé par
aucun autre motif, que pour la conſervation de ſon gage,
& le recouvrement de ſa créance. 2°. que Pierre Barbot de
Goujonville étoit créancier de ſommes conſidérables, &
privilégiées de la Demoiſelle Pipaud, & qu'il avoit intérêt
en cette qualité de ſe faire adjuger les biens ſaiſis, dont il
n'a même gardé le bail que pendant un an, l'ayant au bout
de ce tems, cédé pour le même prix de 290 liv. à une autre perſonne intéreſſée, comme lui, à la conſervation de la
choſe ſaiſie.

RÉPONSE
à la prétendue con-
damnation éprou-
vée par Denis Ro-
main Barbot.

Denis-Romain Barbot, a-t-on dit, qui étoit frere de
Pierre Barbot de Goujonville, votre ayeul, a éprouvé le
12 Avril 1667, comme uſurpateur de Nobleſſe, une condamnation d'amende de 174 liv. Ce Jugement qui n'a jamais été attaqué, forme une preuve ſuffiſante de la roture
de votre famille.

Les

Les Adverſaires ne rapportant point ce prétendu Jugement : on ſent bien que s'il avoit en effet été rendu , ils
n'auroient pas manqué de le produire. Il ſe trouve ſimple-
ment énoncé dans un rôle des amendes, qui paroît avoir
été arrêté au Conſeil contre de faux Nobles , qu'on avoit
pourſuivis dans une recherche générale.

Dans ce rôle des amendes, on trouve, à la vérité, un
article qui concerne Denis-Romain Barbot : voici les termes de cet article « Denis-Romain Barbot , habitant de
» St. Emillion, condamné par Jugement du ſieur Pellot,
» du 12 Avril 1667 , pour avoir induement pris & uſurpé
» la qualité d'Ecuyer , de laquelle il s'eſt volontairement
» déſiſté ; payera la ſomme de . . . . . . ».

La ſomme eſt en blanc. Ce n'eſt qu'un projet de condamnation, dont Denis-Romain Barbot aura prévenu l'effet par la juſtification de ſes titres ; ce qui paroîtra d'autant plus vraiſemblable que le Jugement de M. Pellot, auquel cet article du rôle des amendes eſt relatif, n'eſt point
produit , & ne pourroit l'être qu'avec des lacunes ſembla-
bles, qui n'annonceroient qu'un projet de Jugement.

Mais, en ſuppoſant que ce Jugement exiſtât , & qu'il
contînt une déciſion poſitive, les Expoſans ne ſeroient pas
forcés de l'attaquer , s'ils ne le vouloient. On n'eſt obligé
d'attaquer que les Jugemens qui nous ſont perſonnels : or,
celui que l'on dit avoir été porté contre Denis-Romain
Barbot, n'eſt perſonnel à aucun de ceux dont deſcendent
en ligne directe les Expoſans ; & l'on doit regarder comme
étranger à cette ligne , tout ce qui ſe paſſe dans la collaté-
rale : il n'eſt pas poſſible de douter de ce principe, ſans ren-
verſer les familles les plus illuſtres. Cependant, pour ne
rien négliger, les Expoſans ont pris le parti de former une
tierce oppoſition à ce prétendu Jugement. Ils ont établi
dans leur Mémoire imprimé par une ſuite de raiſonne-
mens qui ne pourroient entrer dans cet Extrait ſommaire ;
que quel ait été l'état de ce Denis-Romain Barbot , il n'a
pu rejaillir en aucune maniere ſur celui des ayeux des Expoſans.

D

Nous l'avons déjà remarqué, M. l'Inspecteur-Général du Domaine, que le Conseil a lui-même donné pour Partie aux sieurs de Barbot, n'a point argué d'incompétence les Arrêts de la Cour des Aydes de Guyenne, des 21 Février 1761, & 5 Septembre 1765, qui ont maintenu les sieurs de Barbot dans leur état de Noble. Loin d'avoir imité à cet égard les habitans de St. Martin de Mazerac, il les y a soutenu non-recevables & mal fondés. Pour moyens de cassation, il s'est uniquement attaché à combattre la Noblesse des sieurs de Barbot ; & c'est sur ce fondement qu'il a fait casser les Arrêts de la Cour des Aydes, & a privé les sieurs de Barbot de leur Etat. Voici comment il s'est expliqué dans sa Requête, après y avoir soutenu les habitans de Mazerac non-recevables, & mal fondés dans leurs prétendus moyens de cassation :

« Mais en même-tems il faut reconnoître que les preu-
» ves qu'ils rapportent de la roture des sieurs Barbot, ne
» laissent aucun doute sur le mal jugé du fonds ; & que
» s'ils ne sont pas recevables à en tirer un moyen de cassa-
» tion, on ne peut refuser d'écouter la réclamation de l'Ins-
» pecteur Général, pour le maintien de l'ordre public ; c'est
» ce qui l'oblige d'entrer dans la discussion des titres du
» sieur Barbot ».

C'est d'après cela que M. l'Inspecteur du Domaine a fait casser au Conseil les Arrêts de la Cour des Aydes. Mais l'Arrêt de cassation a été rendu sur simple Requête non communiquée : la ressource de l'opposition à cet Arrêt, est donc une voie de droit, qu'on ne sçauroit refuser aux sieurs de Barbot, sans prétendre qu'on puisse enlever à quelqu'un ce qu'il a de plus cher & de plus précieux au monde, sans daigner l'entendre. Nos Loix douces & équitables, sont loin d'une telle barbarie. Puisque les sieurs de Barbot ont la voie de l'opposition ouverte, c'est, sans contredit, pour faire peser, examiner & juger les moyens sur lesquels ils s'appuyent. Or, de quelle nature peuvent être leurs moyens d'oppositions ? Cela se décide à la vue de ceux qu'a mis en ufage M. l'Infpecteur-Général, pour faire rendre l'Arrêt de caffation auquel les fieurs de Barbot font oppofans. On a vu que combattre leur Nobleffe, étoit le feul moyen qu'il avoit pris pour la leur enlever : la défendre, en en fourniffant la preuve, & en écartant les objections de M. l'Infpecteur-Général, font les feuls caractères & les motifs uniques de leur oppofition. L'inftance d'oppofition eft toute inftruite, & l'eft contradictoirement avec M. l'Infpecteur-Général, qui a donné toutes les Requêtes qu'il a cru devoir fournir; il n'a plus rien à dire; il en convient lui même; il en feroit même fa déclaration judiciaire, fi le Confeil le trouvoit néceffaire. Qu'eft-ce qui pourroit donc empêcher de prononcer dès aujourd'hui fur le mérite de l'attaque & de la défenfe ? Ne voudroit-on décider que lors du Jugement du fonds évoqué ? Mais que d'irrégularités, d'injuftices & de malheurs il en réfulte-réfulteroit ! Ce feroit enlever au fieurs de Barbot la reffource de l'oppofition dont eft fufceptible tout Arrêt par défaut, ou rendu fur Requête non communiquée : fi leurs moyen d'oppofition font fondés, ce feroit les replonger inutilement dans de nouvaux embarras de Procédures auffi longues que ruineufes ; ce feroit les priver pendant tout ce temps, d'un état d'origine dont ils ont plufieurs fiecles de profeffion, dont les dépouille provifoirement l'Arrêt de caffation : ce feroit rendre inutile & illufoire l'inftruction contradictoire qu'a faite M. l'Infpecteur-Général dans l'Inftance d'oppofition : ce feroit le forcer à foutenir deux Procès pour un : ce feroit enfin une omiffion de prononcer contraire aux regles & à l'Ordonnance.

Qu'on ne dife pas que fi nos réflexions avoient leur effet, il ne refteroit rien à juger fur le fonds des conteftations qui fe trouve évoqué par l'Arrêt du Confeil.

Si l'oppofition des fieurs de Barbot eft accueillie, il ne reftera rien à juger, ainfi que cela s'obferve dans toutes les Inftances de cette efpece : l'Arrêt qui caffe fera retracté, & l'évocation prononcée par cet Arrêt, tombera néceffairement du même coup, parce que l'oppofition des fieurs de Barbot étant indéfinie, s'étend à tous les chefs de l'Arrêt de caffation.

GRANDE DIRECTION.

Monfieur **DE LA PORTE DE MESLAY**, *Maître des Requâtes, Rapporteur.*

M^c. **BELLOUMEAU**, Avocat.

De l'Imprimerie de la Veuve D'HOURY, Imprim.-Libraire. de Mgr le Duc d'Orléans, rue S. Severin, près la rue S. Jacques 1772.